Vorläufige Richtlinien
für Sicherungsmaßnahmen
der Truppentransporte
und Urlauberzüge
in bandengefährdeten Gebieten

Vom 15. 4. 1943

Bibliografische Informationen der Deutschen Nationalbibliothek: Die Deutsche Nationalbibliothek verzeichnet diese Publikation in der Deutschen Nationalbibliografie; detaillierte bibliografische Daten sind im Internet über http://dnb.dnb.de abrufbar.

© 2020 Thomas Heise
Herstellung und Verlag:
BoD - Books on Demand, Norderstedt

ISBN: 978-3-7504-3242-0

Oberkommando des Heeres
Gen.St.d.H. / Ausb.Abt. (II)

Nr. 1500/43

H. Ou. OKH., den 15. April 1943

Die „Vorläufigen Richtlinien für **Sicherungsmaß-nahmen der Truppentransporte und Urlauberzüge in bandengefährdeten Gebieten"** treten mit sofortiger Wirkung in Kraft.

Die zuständigen Territorialbefehlshaber der besetzten Gebiete treffen der Lage entsprechend für ihren Befehlsbereich die Entscheidung über die Anwendung der Richtlinien.

In den besetzten russischen Gebieten sind die in den Richtlinien gegebenen Anweisungen auch auf **Dienstzüge** anzuwenden.

Für Lazarett-, Leichtkranken-, behelfsmäßige Verwundeten- und Nachschubzüge werden besondere Sicherungsmaßnahmen befohlen.

I. A.
Z e i ß l e r.

G e m ä ß V e r f ü g u n g O b e r k o m m a n d o d e r W e h r m a c h t N r. 394/43 o. WFSt/Op (H) v o m 1. M a i 1943 i s t d a s M e r k b l a t t 18/2 „V o r l ä u f i g e R i c h t -l i n i e n f ü r S i c h e r u n g s m a ß n a h m e n d e r T r u p p e n t r a n s p o r t e u n d U r l a u b e r z ü g e i n b a n d e n g e f ä h r d e t e n G e b i e t e n" b i n d e n d f ü r a l l e W e h r m a c h t t e i l e , d i e W a f f e n — S S s o w i e a l l e i n d e n b e s e t z t e n G e b i e t e n e i n g e s e t z t e n O r g a n i s a t i o n e n (R.A.D., O.T. usw.).

I n h a l t

Vorbemerkung

Unterricht über das „Merkblatt für Verhalten bei Eisenbahnfahrten durch bandengefährdete Gebiete" (Anlage 1) hat vor Abgang eines Truppentransportes bei der Truppe zu erfolgen.

Urlauber, auch Angehörige des Wehrmachtgefolges, sind durch ihre Einheiten und Dienststellen über das Merkblatt zu unterrichten. Organe der Kdr. für Urlaubsüberwachung überprüfen in den Wartezeiten auf den Bahnhöfen die Durchführung dieser Anordnung.

A. Allgemeines

1. Die Bandenbewegung ist ein straff geführtes Kriegsmittel unserer Feinde in fast allen besetzten Gebieten, besonders in Rußland. Eines ihrer Ziele ist die Störung des deutschen Nachschubs an Menschen und Material aller Art durch planmäßige Behinderung des Eisenbahnverkehrs.

2. Zu diesem Zweck versuchen die Banden vornehmlich in unübersichtlichem Wald- und Sumpfgelände durch **Sabotageakte**, wie
   Sprengung von Schienen und Brücken,
   Lockerung von Schienen oder Einbau von Minen unter den Gleisen,
   Beschießung von Zügen
   den Transportverlauf zu stören und vor allem Materialschäden zu verursachen.
   Darüber hinaus werden jedoch planmäßige **Angriffe** auf nicht ausreichend gesicherte Bahnhöfe und Züge ausgeführt, die lange Unterbrechung des Verkehrs und meist hohe Verluste an Menschen und Material zur Folge haben.

3. **Es kommt daher darauf an,** der organisierten Bandentätigkeit mit ebenso straff gegliederter Abwehr zu begegenen. Dazu ist notwendig, daß die Besatzung von Zügen, gleichgültig ob Truppentransport oder Urlauberzug, jederzeit als abwehrbereiter **Kampfverband** eingesetzt werden kann.

Truppentransporte und Urlauberzüge dürfen nicht wie bisher empfindliche, auf besondere Sicherungsmaßnahmen angewiesene Objekte sein, sondern müssen sich selbst schützen und durch energische Gegenmaßnahmen abschreckend auf die Bandentätigkeit wirken.

B. Führung

4. Für jeden Transport- oder Urlauberzug werden bestimmt:

    > der Zugkommandant
    > der Transportführer
    > der Zugführer.

5. Der **Zugkommandant** ist der **militärische** Führer des Zuges.
    Er trägt während der ganzen Fahrt die Verantwortung für die Sicherung des Zuges, leitet die dazu notwendigen Vorbereitungen und führt die Zugbesatzung bei der Abwehr von Sabotagehandlungen und Bandenangriffen. Es ist seine Pflicht, zur Durchführung seines Auftrages alle Personen und Mittel rücksichtslos heranzuziehen. Ihm unterstehen daher für Vorbereitung und Einsatz alle Zuginsassen (siehe auch Ziff. 6 und 7).
    Zugkommandanten von Truppentransporten sind die gem. Merkblatt Anhang 2 zur H. Dv. 1a S. 21 lfd. Nr. 11 „Wehrmachttransporte auf Eisenbahnen" einzusetzenden Transportführer. Entsprechend den in einer Person vereinigten Aufgaben des Transportführers und Zugkommandanten sind für diese Tätigkeit bei Fahrten durch bandengefährdete Gebiete die dienstältesten fronterfahrenen Offiziere einzuteilen.

Als Zugkommandanten der Urlauberzüge und deren Stellvertreter sind von den Heeresgruppen (Armeen) oder den sonst zuständigen Befehlshabern bei Ausgabe der Platzkarten für jeden Zug (Front --- Heimat) besonders tatkräftige Offiziere zu bestimmen. Erreicht keiner der befohlenen Offiziere den Zug, so ist rechtzeitig vor Abfahrt durch den Transportführer des Urlauberzuges dem tatkräftigsten fronterfahrenen Offizier die Aufgabe des Zugkommandanten zu übertragen. Diese Regelung ist auch an den Übergangsbahnhöfen bei Fahrten Heimat --- Front anzuwenden.

6. **Transportführer** im Sinne dieser „Richtlinien" sind nur die Transportführer von Urlauberzügen. Für Truppentransportzüge gilt die Regelung gem. Ziffer 5. Der **Transportführer eines Urlauberzuges** sowie die Zugwache (in der Regel 2 Mann) werden von den Dienststellen des Gen. z. b. V. IV (Kdr. für Urlaubsüberwachung, Heeresstreifendienst usw.) für jeden Zug gestellt. Er hat sich dem nach Ziff. 5 eingesetzten Zugkommandanten bei dessen Eintreffen zu unterstellen und im Sinne der Dienstanweisung für Transportführer für Aufrechterhaltung der militärischen Zucht und Ordnung, für Betreuung der Wehrmachtreisenden und für Vorbereitung aller derjenigen Maßnahmen zu sorgen, die für den Einsatz der Zugbesatzung zur Sicherung des Zuges und Abwehr von Bandenangriffen erforderlich sind.

7. Der **Zugführer** ist für die bahntechnische Führung des Zuges verantwortlich. Ihm unterstehen Zugschaffner, Lok.-Führer und Heizer.
   Er hält mit dem Zugkommandanten enge Fühlung und gibt auf dessen Anordnung im Falle besonderer Ereignisse auf der Strecke alle für Halten, Anfahren usw. notwendigen Anordnungen. (Vergleiche Ziff. 21).

C. Vorbereitende Maßnahmen

Allgemeines.

8. Die für die Herstellung ständiger Abwehrbereitschaft notwendigen Maßnahmen gleichen sich bei Transport- und Urlauberzügen in den Grundsätzen. Bei beiden Transportarten bleiben die in dem Merkblatt „Wehrmachttransporte auf Eisenbahnen" (Anhang 2 zur H.Dv. 1a Seite 21 lfd. Nr. 11) und der „Dienstanweisung für Transportführer auf SF-Zügen und öffentlichen Zügen mit Wehrmachtteil" festgelegten Aufgaben des Transportführers und der Zugwache bestehen.

    Die Durchführung der im folgenden angegebenen vorbereitenden Maßnahmen kann durch Zeitmangel und andere ungünstige Umstände stark eingeschränkt werden. Um so mehr ist es dann Aufgabe des Zugkommandanten, auch während der Fahrt und bei kurzen Aufenthalten unterwegs die Organisation der Sicherung und Abwehr ständig zu verbessern.

9. Die für Fliegerabwehr vorgesehenen Waffen sind auch zum Erdbeschuß, die offenen Luftschutzwagen für die Beobachtung des Bahngeländes auszunutzen.

10. Bei **Truppentransporten** stützen sich alle Anordnungen des Zugkommandanten auf die eingespielten Befehlsverhältnisse, die ihm bekannte Gliederung und Waffenausstattung seiner Truppe.

    Große, nur mit Fahrzeugen und Gerät beladene Teile des Transportzuges machen besondere Sicherungsmaßnahmen notwendig. Sie sind je nach Art des verladenen Geräts und nach Bewaffnung und Stärke der verladenen Truppe verschieden, bindende Richtlinien lassen sich nicht geben.

11. Bei **Urlaubertransporten** muß sich der Zugkommandant zunächst über folgende Gebiete unterrichten:

a) Besatzung des Zuges:
Zur Unterrichtung übergibt der Transportführer dem Zugkommandanten die Stärkemeldung getrennt nach

Waffenträgern – mit Angabe der Waffen (Offz., Beamte, Uffz. Und Mannschaften)
Waffenlosen – getrennt nach Männern und Frauen.

Der Transportführer überwacht, daß keine Wehrmachtangehörigen, der zum Tragen einer Schußwaffe verpflichtet ist, den Urlauberzug ohne Waffe benutzt.

b) Waffen und Gerät:
Die Ausstattung jedes Urlauberzuges mit folgenden Waffen und Geräten wird angestrebt:

2 le. MG.
Munition für le. MG.
Munition für Gewehr 98
Handgranaten
Leuchtpistolen und Leuchtmunition
Feldfernsprecher und l. Feldkabel zum Verlegen von Nachrichtenanl. innerhalb des Zuges und zum Anschalten an Leitungen
Pioniergerät
Signalpfeifen
Sanitätsmaterial.

Für Übernahme, Bescheinigung von Verbrauch oder Verlust und für Pflege ist der Transportführer verantwortlich.

c) Erste Einteilung der Zugbesatzung:

Die Wagenbesatzung bildet bei der ersten Einteilung der Zugbesatzung zu Sicherungs- und Kampfaufgaben in der Regel die unterste Einheit. Sie wird vom Transportführer zusammengestellt, der gleichzeitig dem Zugkommandanten die Wagenältesten und, falls vorhanden, San-Dienstgrade für jeden Wagen vorschlägt.

Einzelheiten (gelten für Truppentransport- u. Urlauberzüge).

12. **Der Zugkommandant** unterrichtet sich vor der Abfahrt bzw. auf den Stationen unterwegs bei den Bahnhofsoffizieren laufend über die Bandenlage, über die Lage eigener Stützpunkte an der Strecke, über Leuchtzeichen usw. zur Alarmierung der Stützpunkte und über die Zugfolge.

13. **Er befiehlt** folgende Führerbesetzung und Einteilung der Zugbesatzung:

a) Je Zugfront einen Kommandanten:

- Der Kommandant der Zugfront überwacht die ständige Beobachtung und Sicherung auf seiner Zugseite.
- Er übernimmt die Führung des nach seiner Zugseite abspringenden Teils der Zugbesatzung bei allen Sicherungs- und Kampfaufgaben nach den Befehlen des Zugkommandanten.

b) Je Wagen einen Kommandanten (Wagenältesten):

- Er überwacht die Beobachtungs- und Sicherungsposten und die Gefechtsbereitschaft der Wagenbesatzung.
- Er ist für die Einhaltung der Verdunkelungsbestimmungen verantwortlich.

- Er stellt sicher, daß zum Verlassen des Zuges die Türen auf beiden Zugseiten leicht geöffnet werden können.
- Er verhindert unnötige Schießereien und verlustreiche Ansammlungen an den Türen, wenn die Wagenbesatzung im Feuer eines Bandenangriffes den Wagen verlassen muß.
- Er sammelt und führt nach den Befehlen des Zug- oder Frontkommandanten seine Wagenbesatzung.

c) Ferner befiehlt der Zugkommandant:
Beobachtungs- und Sicherungsposten und deren Ablösung (zur Verteilung auf den ganzen Zug)
außerdem MG.-Trupps – Stoßtrupps – Pioniertrupps – Räumtrupps und deren Verteilung auf den Zug in besonderen Abteilen
Reserven
Sicherung der Lok (siehe Ziff. 14)
Melder (je Wagen 1)
San. Einrichtungen.

d) Das Verhalten der beiden Zugfronten und der besonders eingeteilten Trupps regelt er durch Befehl und nimmt den Aufgaben entsprechend die Verteilung von Waffen, Munition und Gerät vor (vergl. Anlage 1).

14. Meist ist mit einer Sabotagehandlung, einem Feuerüberfall oder Angriff der Versuch verbunden, die Lokomotive mit geballten Ladungen zu zerstören. Zur **Sicherung der Lok.** sind daher Stoßtrupps in den ersten Wagen unterzubringen und außerdem zwei möglichst mit M.P. bewaffnete Beifahrer auf der Lok. – für die Nahverteidigung der Lok. bis zum Eintreffen des Stoßtrupps – einzuteilen.

15. Der Zugkommandant stellt ferner vor Abfahrt sicher:
- daß Die als Führer **eingeteilten Offz.** zusammen mit ihren Einsatztrupps untergebracht sind,

  - die **nicht** als Führer **eingeteilten Offz.** zu den Reserven treten und über alle zur Herstellung der Einsatzbereitschaft getroffenen Maßnahmen unterrichtet sind,

  - alle Verdunklungseinrichtungen geprüft sind und vollständige Verdunkelung jederzeit sichergestellt ist,

  - alle Zuginsassen ausreichend über das **Verhalten bei Eisenbahnfahrten** durch bandengefährdete Gebiete **unterrichtet** sind.

16. Ein Wagen des Zuges ist als **Kommandowagen** zu bestimmen. In ihm sind unterzubringen:

  der Zugkommandant
  Transportführer
  Zugwachen
  Melder
  San. Einrichtungen mit San. Offz., San. Dienstgraden, ggf. weibl. Wehrmachtgefolge.

17. Besonderes Personal, wie Hilfswillige, Besatzungen von Küchenwagen, Angehörige von Zuggeldwechselstellen und Nichtwaffenträger aller Art sind für besondere Aufgaben einzuteilen, z.B. Versorgung von Verwundeten, Übermittlung von Befehlen, Bewachung bestimmter Zugteile beim Einsatz der übrigen Zugbesatzung.

18. Vor dem Durchfahren von Strecken, über deren Gefährdung besondere Erfahrungen oder Meldungen vorliegen, befiehlt der Zugkommandant „**erhöhte Alarmbereitschaft**". Darauf hat die Zugbesatzung sich fertig zu machen und Waffen, Munition und Brotbeutel mit Mundvorrat griffbereit zu legen, um jederzeit den Zug zu den nach der Einteilung vorgesehenen Aufgaben verlassen zu können.

19. Alle für den Einsatz gegebenen Befehle und die Wirksamkeit der getroffenen Maßnahmen sind nach Möglichkeit durch einen **Probealarm** bei längerem Halt auf einem Bahnhof im Einvernehmen mit dem Bahnhofsoffizier und Bahnhofsvorsteher zu überprüfen, sich daraus ergebende Verbesserungen zu befehlen.

D. Einsatz

20. Kennzeichnend für den Kampf mit Banden bei Bahntransporten ist die **Abhängigkeit von den Maßnahmen des Gegners,** der durch Sabotagehandlungen, Feuerüberfälle und Angriffe überraschend Ort und Zeit bestimmt und meist dem Zugkommandanten keine Zeit zur planmäßigen Alarmierung gibt.

Um so mehr kommt es darauf an, die Zugbesatzung energisch und schnell in die Hand zu bekommen und in den vorher eingeteilten Kampftrupps zu Gegenmaßnahmen anzusetzen.

Auf die Möglichkeit der Verminung des an den Bahnkörper angrenzenden Geländes durch eigene Sicherungskräfte ist stets zu achten.

Alarmierung der an der Bahnstrecke eingesetzten Sicherungskräfte durch vereinbarte Zeichen, meist Leuchtzeichen, wird in jedem Fall zweckmäßig sein.

21. Ist die **freie Fahrt** des Zuges bei Feuerüberfällen oder Angriffen an sich nicht behindert, so läßt der Zugkom-

mandant nur dann den Zug zur Einleitung von Gegen-maßnahmen **anhalten**, wenn ihm – durch die örtliche Bandenlage bedingt – Befehle zur Bandenbekämpfung erteilt worden sind.

Hierzu ist vorher mit dem Zugführer zu vereinbaren, auf welche Zeichen oder bei welchen Vorkommnissen der Zug anzuhalten ist.

22. Macht die Beseitigung eines Fahrthindernisses den **Aufenthalt** des Zuges notwendig, so ist der Zug örtlich und durch Aufklärung zu sichern und die Besatzung so bereitzustellen, daß sie jederzeit einem Überfall be-gegnen kann. Fahrthindernisse hat der Zugkommandant mit allen ihm zur Verfügung stehenden Mitteln und Kräften beseitigen zu lassen.

23. Überraschende Minensprengungen, Entgleisung des Zuges durch Schinenlockerung mit anschließendem Feuerüberfall oder anderen **Angriffsmaßnahmen der Banden,** die ein plötzliches Halten des Zuges zur Folge haben, lösen bei der **Zugbesatzung selbständig** alle Maßnahmen aus, die

a) durch das Merkblatt (Anlage 1) befohlen sind
b) vorbereitend durch besondere Einteilung angeordnet waren.

Aufgabe des Zugkommandanten ist es, die zunächst un-mittelbar neben dem Zug im Feuerkampf liegende Zug-besatzung so anzusetzen, daß durch **Angriff mit begrenz-tem Ziel** der Gegner daran gehindert wird, beobachtetes Feuer auf den Zug abzugeben. Der Kampf wird erst abgebrochen, wenn die Weiterfahrt des Zuges sicher-gestellt ist.

24. Trifft ein Zug auf den **Kampf eines anderen Zuges,** so regeln die Kommandanten untereinander die ge-

meinsame Befehls- und Kampfführung. Trifft der Zug auf den **Kampf von Sicherungstruppen**, so geht die Führung des gemeinsamen Kampfes auf den örtlichen Truppenführer solange über, bis für den Transport- oder Urlauberzug die Möglichkeit unbehinderter Weiterfahrt besteht.

25. **Während des Einsatzes der Zugbesatzung** zu Sicherungs- oder Kampfaufgaben ist der Zug durch besondere Wachen gegen Überfälle und Beraubung, durch Verkehrsposten gegen Zusammenstöße zu sichern. Zuginsassen, z.b. Hilfswillige, die eine Gefährdung des Zuges und der Zugbesatzung bedeuten können, sind an geeigneter Stelle zu bewachen, Verbindung mit den Angreifern ist zu verhindern.

26. Der Zugkommandant wird während des Einsatzes der Zugbesatzung im allgemeinen, falls die Lage nicht eine andere Verwendung notwendig macht, dem Transportführer solche Aufgaben übertragen, die aus der unmittelbaren Fürsorge für den Zug und seine Besatzung erwachsen. Im besonderen kann ihm während des Kampfes die Verbindung zu Überwachungs-, Betreuungs-, Transport- und Eisenbahndienststellen und die Versorgung Verwundeter übertragen werden.

Tätigkeit nach dem Einsatz:

27. Nach Abschluß eines Gefechts mit Banden ist es Aufgabe des Zugkommandanten, die Einsatzfähigkeit des Zuges sofort wiederherzustellen und Schäden an Waffen und Material nach Möglichkeit beseitigen zu lassen. Dazu gehört vor allem, unterstützt durch den Transportführer, die lückenlose Erfassung aller Zuginsassen,

nötigenfalls die Versorgung der Verwundeten und Bergung der Gefallenen.

Der Zugkommandant befiehlt die Weiterfahrt des Zuges.

Meldungen.

28. Außer den auf dem Truppendienstweg und an den Endbahnhöfen zu erstattenden **Meldungen** meldet der **Zugkommandant** vom nächsten Stützpunkt oder Bahnhof aus fernmündlich alle Vorkommnisse, die von besonderer Wichtigkeit für die Beurteilung der Bandenlage sein können, an die übergeordneten Transportdienststellen, die für Weiterleitung an die Dienststellen der Wehrmacht-Befehlshaber usw. Sorge tragen.

Die für die Transportführer in den Dienstanweisungen festgelegten Meldungen werden davon nicht berührt.

Bei Urlaubertransporten meldet der Zugkommandant außerdem schriftlich als Anlage zum Transportführerbericht über Einsatz der Zugbesatzung für Sicherungs- oder Kampfaufgaben.

Merkblatt

für Eisenbahnfahrten durch bandengefährdetes Gebiet

In bandengefährdeten Gebieten muß jederzeit gerechnet werden mit:

Fahrtbehinderung oder Zugentgleisung durch:

Schienenunterbrechung,

Schienenlockerung,

Feuerüberfälle und Angriffe durch Banden.

Alle Insassen eines Zuges bilden eine Kampfgemeinschaft gegen jede Bedrohung durch Banden.

Jeder Zuginsasse muß folgendes wissen und nach folgenden Richtlinien handeln:

1. Militärischer Führer der Zugbesatzung für Sicherung und Kampf ist der **Zugkommandant.** Er ernennt die Kommandanten der beiden Zugfronten und die Wagenkommandanten. Er befiehlt die Einteilung der Zugbesatzung für besondere Aufgaben.

2. **Gefechtsstand** des Zugkommandanten ist der Kommandowagen, in ihm befinden sich auch die Sanitätseinrichtungen.

3. Waffen, Munition und Ausrüstungsstücke sind stets **griffbereit** zu halten.

4. Die **Wagentüren** beider Zugseiten müssen leicht zu öffnen sein.

5. Während der Dunkelheit müssen alle Fenster und Türen sorgfältig **verdunkelt** sein.

6. Wird der Zug **während der Fahrt** beschossen, so legen sich sämtliche Zuginsassen auf den Boden.

7. Wird der Zug durch Minensprengung, Entgleisung oder ein anderes Hindernis **plötzlich zum Stehen gebracht,** so verläßt die Zugbesatzung sofort ohne Befehl den Zug und sichert beiderseits des Bahnkörper.

8. Wird der Zug **außerdem beschossen,** so sind die Wagen möglichst nach der feindabgewandten Seite zu verlassen. Wagen- und Abteilbesatzungen sowie besonders eingeteilte Trupps halten sich zusammen. Auf erkannte Ziele ist der Feuerkampf sofort aufzunehmen. Jedoch kein wildes Herumschießen!

9. Muß der **Zug** unter Feindeinwirkung **verlassen** werden, nicht an den Türen drängeln, einzeln schnell abspringen! Nur Waffen, Munition und Brotbeutel mit Mundvorrat mitnehmen! Türen nicht mit Gepäck versperren.

10. Bei nächtlichen Sabotagehandlungen und Überfällen sind sofort sämtliche **Lichter** zu **löschen.**

11. Sorglosigkeit und Disziplinlosigkeit gefährden die übrigen Zuginsassen und leisten den Banden Verschub!

Merkblatt

für den Zugkommandanten eines Urlauberzugs

Vorbereitungen vor der Abfahrt.

1. Beim Bahnhofsoffizier Auskünfte einholen über:
   Bandenlage,
   Lage eigener Stützpunkte an der Strecke,
   Festgesetzte Alarmzeichen (z.B. Leuchtzeichen),
   Zugfolge.

2. Den Transportführer zur Meldung auffordern über:
   Zusammensetzung der Zugbesatzung,
   bereits vorgenommene Einteilungen,
   bereits getroffene Vorbereitungen,
   Ausstattung des Zuges mit Waffen und Gerät.

3. Bestimmen und mit Weisungen, Waffen und Gerät versehen:
   je Zugfront einen Kommandanten,
   je Wagen einen Kommandanten,
   je Wagen einen Melder,
   außerdem zur Verteilung auf den ganzen Zug:
   Beobachtungs- und Sicherungsposten – MG.-Trupps – Stoßtrupps – Pioniertrupps - Räumtrupps – Reserven (einschl. nichteingeteilte Offz.) – Sanitätseinrichtungen – den Kommandowagen (Zugmitte) – Verbindung zum Bahnpersonal (Zugführer) und Zeichen für Halten (Fall Ziff. 8) regeln.

4. Besondere Gefährdung der Lok erfordert:
   2 Beifahrer auf der Lok (möglichst mit M.P),
   einen Stoßtrupp in einem Wagen unmittelbar
   hinter der Lok.

5. Im Kommandowagen unterbringen:
   Zugkommandant – Transportführer – Zugwache – Melder – Sanitätseinrichtungen -
   ggf. weibl. Wehrmachtgefolge.

6. Vor dem Durchfahren von als besonders gefährdet be-
   kannten Strecken „erhöhte Alarmbereitschaft" befehlen.

7. Probealarm zweckmäßig bei längerem Halt auf Bahnhöfen, jedoch nur im Einvernehmen mit Bahnhofsoffizier und Bahnhofsvorsteher.

Maßnahmen während der Fahrt:

8. Feuerüberfall oder Angriff auf den fahrenden Zug bei
   an sich freier Strecke:
   - Zu Gegenmaßnahmen nur halten, wenn besonderer
     Befehl für Bandenbekämpfung vorliegt.

9. Zug hält plötzlich vor Hindernis oder durch Entgleisung,
   Besatzung sitzt selbstständig ab:
   - Führung der Zugbesatzung schnell und energisch in
     die Hand nehmen.
     Zug örtlich sichern, aufklären.
     Besatzung zur Abwehr von Überfällen bereithalten.
     Alle Kräfte und Mittel zur Beseitigung des Hin-
     dernisses ansetzen.
     Durch Verkehrsposten Zusammenstöße verhindern.
     Verbindung mit nächstem Stützpunkt oder Bahnhof
     durch Leuchtzeichen oder Anschalten an Leitungen
     aufnehmen.

10. Zug ist wie in Ziff. 9 zum Stehen gebracht, gleichzeitig
    Feuerüberfall oder Angriffsmaßnahmen von Banden.

Besatzung springt ab und nimmt entsprechend der Einteilung und Weisung nach Ziff. 3 den Feuerkampf auf.
- Wildes Schießen unterbinden.
  Schnell entschlossen handeln, Angriff mit begrenztem Ziel, bis Banden kein beobachtetes Feuer mehr auf den Zug abgeben können.
  Örtliche Sicherung und Meldung wie Ziff. 9.

11. Zug trifft auf Kampf eines anderen Zuges oder von Sicherungstruppen.
  - Nur falls für Weiterfahrt oder zur Unterstützung des anderen Verbandes notwendig am Kampf beteiligen. Befehls- und Kampfführung regeln. Sonst wie Ziff. 10.

Maßnahmen nach dem Einsatz:

12. Sofort Einsatzbereitschaft des Zuges wiederherstellen. Schäden an Waffen und Gerät, soweit möglich, beseitigen lassen. Mit Hilfe des Transportführers Vollzähligkeit der Zugbesatzung feststellen. Nötigenfalls Verwundete versorgen, Gefallene bergen.

Meldungen:

13. Für die Beurteilung der Bandenlage wichtige Vorkommnisse von nächstem Stützpunkt oder Bahnhof aus an Transportdienststellen melden.
  Außerdem besondere Vorkommnisse und Einsätze schriftlich als Anlage zum Transportführerbericht melden.

---

14. Einzelheiten zu Ziff. 1 – 13 siehe:
  „Vorläufige Richtlinien für Sicherungsmaßnahmen der Truppentransporte und Urlauberzüge in bandengefährdeten Gebieten" vom 15. 4, 1943. Durch Transportführer oder Bahnhofsoffizier aushändigen lassen.